AF315311

DISCOURS

SUR

LE PRÉJUGÉ

Qui note d'infamie les Parents des
Suppliciés,

AVEC UNE LETTRE SUR L'ÉLOQUENCE.

Par M. *SABATIER*, Professeur d'Éloquence au
College de Tournon.

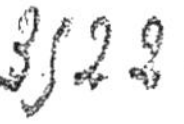

DISCOURS

SUR

LE PRÉJUGÉ

Qui note d'infamie les Parents des Suppliciés.

EN vain les Sciences nous éclairent de toutes parts ; il semble qu'il est dans la nature de l'homme de tenir toujours à quelques erreurs. Si nous suivions attentivement les progrès de l'esprit humain, nous verrions que nous avons acquis bien peu de vérités utiles, que nous avons remplacé les anciennes erreurs par de nouvelles, & que nous n'avons fait que changer de préjugés. Il en est de respectables, malgré leur barbarie, parce qu'ils tiennent à la constitution de la Monarchie. Ils sont comme ces colonnes de mauvais goût dans un bâtiment ; elles choquent la vue, mais on ne sauroit les ôter fans caufer la ruine de l'édifice. Il en eft qui jettent l'efprit dans l'enfance, ou la vieilleffe ; ils l'arrêtent fur la route des Sciences, & l'empêchent de s'élancer vers la vérité, en épaiffiffant le voile qui la cache. (1) Ce font, pour me fervir des termes de *Bacon*, des fantômes qu'un mauvais génie envoya fur la terre pour égarer les hommes. Mais il eft des préjugés cruels, que la Nation chérit malgré leur atrocité : il en eft qu'elle adore, quoiqu'ils l'humilient & la dégradent : tel eft le préjugé qui note d'infamie les parents des fuppliciés. A quoi nous fervent donc les lumieres, fi nous ne diftinguons pas ce qui eft jufte de ce qui ne l'eft pas, fi elles ne fixent pas l'infamie fur celui feul qui a commis le crime ? Dans des fiecles barbares, nos Aïeux, encore groffiers, obéiffoient à des coutumes groffieres comme eux ; ils avoient le crime en horreur ; mais, pour le punir, ils employoient des moyens infuffifants, & fujets à l'erreur ; (2) je veux dire, les épreuves de l'eau, du fer & du feu. Ils ne voyoient pas, nos peres, qu'ils mettoient le fcélérat adroit & robufte, dans le cas d'échapper au fupplice ; ils ne voyoient pas qu'ils expofoient l'innocent foible, à être la victime d'une Jurifprudence fanguinaire, & qui pourtant permettoit que le coupable ne tombât point fous le glaive, pourvu qu'il payât une fomme à la partie léfée. Ces abus ont enfin difparu avec les ténebres qui les favorifoient : ils étoient dignes de ces fiecles, où les coutumes les plus extravagantes tenoient lieu de loix. Mais nous, François, dont les Lettres ont poli les mœurs, ferons-nous affez cruels pour faire retomber fur les parents d'un criminel l'horreur & l'infamie, qui ne doivent pourfuivre que fa perfonne ? Nous, que l'éclat du plus beau jour environne, aurons-nous un coin de l'œil couvert du bandeau ? Ah ! convenons que le préjugé qui note d'infamie les parents des fuppliciés, bleffe les loix de l'humanité, qu'il étouffe cette compaffion que doivent infpirer des hommes affez malheureux par la douleur qu'ils ont d'appartenir à des coupables. Je pourrois appuyer mon Difcours fur ces moyens, & les larmes de ceux qui me liront prouveroient que je fuis entré dans leurs cœurs : mais je veux faire marcher la conviction avec le fentiment. Je dis donc que ce préjugé eft contraire à la juftice, & au bien de l'État : voilà deux propofitions qui ferviront de fondement à ce Difcours. Je viens parler en faveur des malheureux qu'un vil préjugé condamne à l'opprobre : leurs gémiffements ont retenti dans le fond de mon ame. C'eft donc toi que je dois invoquer, ô tendre humanité ! infpire-moi ces élans du cœur qui font triompher la raifon : fais-moi fentir ces mouvements rapides & vigoureux, qui font les plus fures armes de l'éloquence.

PREMIERE PARTIE.

Le crime fit naître les loix, & celles-ci appellerent les peines à leur fecours. Puifque la honte attachée à une mauvaife action, les remords qui la fuivent, l'horreur qu'elle infpire, ne fuffirent pas pour en détourner, il fallut avoir recours à l'appareil des fupplices ; la juftice devoit tonner en faveur de la foibleffe opprimée par la force. Le crime eft un tort fait à la fociété, ou à quelques-uns de fes membres : l'ordre demande qu'il foit puni. Celui qui ôte la vie, doit la perdre : les loix levent le fer fur lui, elles prononcent l'Arrêt de fon fupplice, & nous laiffent prononcer celui de fon infamie : mais les loix n'ont pas prétendu envelopper dans l'opprobre qui fouille le coupable, les parents qui lui appartiennent ; elles auroient perdu leurs attributs effentiels, la juftice & la fageffe : elles auroient reffemblé à des hommes dont l'œil vicié voit dans un fujet des qualités ou des couleurs qui n'y font pas. Le préjugé qui note d'infamie les parents des fuppliciés, eft donc contraire aux loix , & conséquemment à la justice qui les dicte : il suppose que les parents d'un criminel so.nt coupables de son crime ; mais s'ils son coupables , ils doivent subir la peine de mort ; s'ils ne le sont pas , ils ne doivent pas être infames. Que dis-je ? ils sont punis de mort : ne perd-on pas la vie dès le moment que l'on perd l'honneur ? Le préjugé que j'attaque est donc contraire à la justice , puisqu'il frappe l'innocent. Car enfin , qu'est - ce que la justice ? Définissons - la d'après les Jurisconsultes , *Est constans & perpetua voluntas jus suum cuique tribuendi ;* elle se divise en distributive & en commutative : la premiere a pour un de ses objets les peines qu'elle inflige à qui les mérite. Dans cette définition & cette division , je trouve de quoi proscrire un préjugé qui ne donne point à chacun son droit , & qui verse l'infamie sur celui qui ne doit point la porter : il la porte injustement , & il est traité comme un coupable condamné. Quelle folie! on vit tous les jours dans le monde avec un homme méprisable par ses mœurs , avec un homme dont les crimes mériteroient la punition la plus rigoureuse : s'il est ce que le préjugé appelle bonne compagnie , s'il tient un certain rang , ses mauvaises actions sont oubliées : & on fuit la société d'un honnête homme qui gémit d'avoir pour parent un supplicié. Mais si celui-ci avoit échappé au supplice , quoique prononcé , & qu'il eût un état d'opulence & de grandeur , sa maison seroit une espece de Cour.

On me dira peut-être : on ne sauroit donner trop d'étendue à la honte , suite du crime ; en la répandant sur la famille du supplicié , on opposera plus de digues à la scélératesse. Quoi! on croira que celui qui veut commettre un crime , sera retenu par le deshonneur qu'il peut imprimer à ses parents ! (3) Dès qu'il a conçu un projet inique , n'a-t-il pas étouffé cette voix intérieure qui lui disoit de se respecter soi-même & les autres ? Dès qu'il ne craint pas l'opprobre pour lui , le craindra-t-il pour les autres ? Enfin , dès qu'il brave l'échafaud , ne brave-t-il pas la honte ? Non , non , ce feroit mal connoître le cœur humain : on s'envifage d'abord foi - même , l'amour des autres n'eft qu'en fecond. Si ces motifs d'intérêt fe rencontrent dans les ames les plus pures , que doit-ce être dans le cœur d'un vil fcélérat ? Puifque l'objection que je viens de me faire , eft nulle , le préjugé qu'elle défend eft oppofé à la juftice. Je ne puis penfer au fort des perfonnes qu'il opprime , fans être ému de compaffion. Souffrir l'opprobre qu'on mérite , eft un état horrible , & pourtant jufte ; mais endurer l'humiliation pour les crimes d'un autre , partager fon infamie , effuyer , quoiqu'innocent , une peine plus rigoureufe que la mort ; attirer fur foi , quoique vertueux , les dédains & les mépris d'une Nation entiere ; être privé du droit le plus cher à un Citoyen , celui d'être eftimé de fes femblables qu'on a fervis ; être obligé de les fuir comme des ennemis & des perfécuteurs ; fe confiner dans la folitude la plus affreufe , & trembler que fon filence ne parle ; être pur comme le jour , & n'ofer le regarder , de peur qu'il ne retrace l'opprobre qu'on traîne par-tout , cet état fait frémir ; c'eft pourtant celui qu'éprouvent des Citoyens vertueux. Eft-ce chez des Sauvages , chez les Hurons ou les Hottentots , que la vertu fubit le fort du crime ? Non , c'eft parmi une Nation polie , qui fait gloire d'aimer les arts & l'humanité , & qui pourtant fe deshonore fous le joug du préjugé le plus barbare.

Que de raifons s'élevent contre lui ! En matiere civile , les Jugemens qui foumettent à quelque aumône ; en matiere criminelle , ceux qui foumettent à quelque amende , notent d'infamie celui qui eft condamné ; mais fes parents ne partagent point cette infamie. Pourquoi donc les parents de celui qui périt fur un échafaud , fubiffent-ils fon opprobre ? Si on me dit que l'infamie eft perfonnelle dans le premier cas , je demande pourquoi elle ne l'eft pas dans le second. Outre cela , les infames ne peuvent remplir aucune fonction de Judicature , & autres fonctions publiques , à moins que le Prince ne les réhabilite par des Lettres. On n'a point d'égard à leur témoignage ; ou , si on l'admet, le Juge est maître de déterminer le degré de valeur qu'il peut avoir : il n'est reçu avec facilité que pour le crime de Leze-Majesté. Or les parents des suppliciés ne font pas privés des avantages que je viens d'indiquer ; ils ne font donc pas infames. Enfin, l'infamie est la perte de l'honneur ; elle est produite par une action deshonorante , & qui flétrit, dans l'esprit des Citoyens, celui qui l'a commise. Je ne vois rien dans cette définition qui ne décharge les parents des suppliciés. Hélas ! ferons-nous toujours inconséquents ? Pourquoi approuver & blâmer en même temps des chofes égales ? Nous trouvons ridicule que les enfants foient honorés des vertus de leurs pères , qu'on recueille le fruit des belles actions qu'on n'a point faites , & nous voulons qu'on foit puni , qu'on foit privé de l'eftime publique , pour des crimes qu'on n'a point commis : foyons donc d'accord avec nous-mêmes. D'ailleurs le préjugé qui veut que la Noblesse foit héréditaire , porte fur un motif d'utilité ; il est conforme à cette maxime de droit , *Favores funt ampliandi.* Mais la même maxime ajoute , *Odia funt restringenda.* Ces mots improuvent notre injustice. Car , au lieu de diminuer l'odieux , nous lui donnons toute l'étendue possible. La loi arrête fa sévérité fur le coupable , elle épargne ceux qui ont le malheur de lui appartenir par le fang. Pourquoi voulons-nous aller plus loin qu'elle ? En puniffant les infracteurs, elle met, autant qu'elle peut , des adouciffements aux peines qu'elle impofe. Et nous , nous les étendons fur ceux qui ne font pour rien dans le crime : quelle inhumanité ! Le criminel , en périffant, emporte dans la tombe l'infamie qu'il mérite ; nous arrachons cette infamie aux ombres de la mort , pour en faire un héritage à fes proches. Ils font plus cruellement punis que lui. Les regards de ceux qui les environnent, leur font fouffrir, à chaque inftant, la mort, en leur annonçant la honte qui les fait courber vers la terre : il en eft même qui font affez bas pour reprocher à un homme vertueux, la douleur qu'il a d'appartenir à un criminel : c'eft à la vérité faire un tort qui n'eft que dans l'opinion. L'injure ne peut point tomber fur un honnête homme, ainfi que l'a prouvé Séneque : mais ce tort d'opinion devient réel par le préjugé qui l'enfle & l'accrédite. Ah ! je m'adreffe à un de ces mortels affez bas, pour faire un pareil reproche, & je lui dis : Barbare, tu es capable de commettre le crime que tu reproches, puifque tu étouffes la voix de l'humanité, qui te crie d'avoir pitié de ton femblable que le malheur accable ; dis-moi, lâche, que penferois-tu d'un homme qui viendroit te reprocher que ton frere a des défauts corporels ? tu le trouverois injufte, parce que les défauts qui difgracient ton frere, ne t'empêchent pas d'être bien fait. Tu es pourtant bien plus injufte, lorfque tu infultes un honnête homme pour les crimes dont s'eft fouillé un de fa race. Apprends qu'on ne mérite ni louange, ni blâme pour les chofes qui ne font pas perfonnelles : mais un préjugé affreux en ordonne autrement ; il faut qu'à fa voix des familles défolées & innocentes fuient les regards d'une Nation qui les outrage dans le malheur. Allez, triftes victimes d'un préjugé qui vous flétrit, allez enfevelir dans un défert une honte qui nous dégrade nous-mêmes : fuyez des Citoyens qu'une idée fauffe a rendu féroces : allez vous cacher dans des antres qui répondront à vos gémiffements : il ne vous eft permis que d'attendrir les ours & les lions.

Telle eft la cruauté d'un préjugé que l'orgueil & l'ignorance ont mis en faveur : on le refpecte, fans doute, parce qu'il femble prendre fa fource dans la haine qu'infpire le crime : mais nous ſommes ſi inconſéquents , que nous paroiſſons admirer les actions que nous déteſtons. D'où viennent ces termes de célebre ſcélérat , de fameux criminel ? Ces épithetes d'admiration qui annoncent la gloire , ſont-elles produites par l'horreur que fait naître le crime ? Ces expreſſions enfin , les appliquerions - nous à la peſte , ou à quelqu'autre fléau ? Peut-être l'idée de force & de hardieſſe qu'on ſuppoſe dans celui qui commet un forfait , nous en impoſe ; peut-être tout ce qui nous ſubjugue nous commande l'admiration. Quoi qu'il en ſoit , j'aime à croire que ce préjugé doit ſa naiſſance à l'indigna-tion qu'inſpire le crime ; mais ce ſentiment vif & profond ſe con-centre dans l'objet qui le fait naître. J'aime à croire auſſi qu'on a prétendu par-là obliger les parents à veiller avec plus de ſoin à l'éducation de leurs enfants. Peres & meres , on vous croit donc bien peu ſenſibles , s'il faut vous intéreſſer au bien de vos enfants , par d'autres motifs que ceux de leur bonheur & du vôtre. Faut-il que vous veilliez ſur eux par la crainte des ſupplices qu'ils pourroient mériter ? Cette idée eſt déſolante. Quoi ! c'eſt en fixant les yeux ſur un gibet , que vous imprimerez dans leurs cœurs l'amour des vertus & l'horreur des vices ! Non , j'ai une idée plus ſublime de la tendreſſe paternelle. Le plus grand plaiſir que vous éprouvez , n'eſt-ce pas celui de voir que les bonnes ſemences que vous avez jetées dans le ſein de vos enfants , répondent à vos eſpérances ? L'idée d'en faire des Citoyens vertueux , eſt la ſeule qui vous immole à leur éducation , à laquelle votre amour vous a déja con-ſacrés. Vous êtes naturellement intéreſſés à leur inſpirer le goût de l'eſtime publique. La joie que ſent un homme qui ſe couvre de gloire , eſt-elle comparable à celle qui tranſporte les auteurs de ſes jours ? Des enfants qui ſeroient élevés en leur préſentant la crainte des ſupplices , ſeroient des eſclaves enchaînés ; ils ſeroient moins amis des vertus , qu'ennemis des forfaits , qu'ils commettroient

peut-être

peut-être, quand ils le pourroient faire impunément. C'eſt l'amour qui entre dans les ſoins de l'éducation. On embellit un ouvrage parce qu'on l'aime, & parce qu'il doit faire honneur ; enfin ſuggérer l'amour des vertus, c'eſt ſuggérer la haine des vices : ces deux ſentimens s'identifient. Le ſecond n'eſt pourtant pas celui qu'on cherche le plus à communiquer, parce qu'il faudroit ſuppoſer les hommes naturellement portés aux crimes. Mais ſi on veut que le préjugé dont je parle, ait pour but d'obliger les parents à veiller avec plus de ſoin ſur leurs enfants, il faudra convenir que nous avons été plus ſages que la Loi ; elle n'auroit pas rempli un objet eſſentiel, en ne les puniſſant point des fautes de leurs enfants. Ils ſont comptables de leur éducation, mais non reſponſables du ſuccès. Cependant nous voulons qu'ils ſoient garants d'une choſe qui ne dépend pas d'eux. Quand ils auroient promis de les bien élever, pourroient-ils promettre la réuſſite ? La Loi ne leur dit rien ſur l'article dont il s'agit, parce que la nature leur en fait un devoir. Les peres les plus licencieux ſouhaitent que leurs enfants ſoient gens de bien ; ils ont ſoin de leur cacher leur conduite, ſi elle n'eſt pas réguliere : cette politique eſt commandée par l'amour le plus tendre, qui leur fait deſirer d'avoir des enfants vertueux & honorés. Peres & meres, c'eſt cet amour qui vous fait agir ; ſeul, il ſuffit pour vous engager à remplir vos devoirs. Pouvoit-on vous impoſer une loi plus forte que celle que vous preſcrit la nature ? Croire que vous laiſſerez germer les vices dans le cœur de vos enfants, c'eſt croire que vous êtes capables de les empoiſonner, ou de les étouffer : croire que vous les verrez entrer dans le chemin du crime, ſans les arrêter, c'eſt croire que vous êtes capables de vous donner la mort. Mais ſi, malgré vos leçons & vos bons exemples, un de vos enfants ſe deshonore, ſon deshonneur doit-il remonter juſqu'à vous ? En êtes-vous moins purs, parce qu'il s'eſt ſouillé ? L'eau qui s'eſt corrompue dans ſon cours,

peut-elle infecter la fource d'où elle eft partie. ? Les vertus des peres
paffent-elles toujours à leurs enfants ? *Caligula* étoit fils de *Germa-*
nicus. *Néron* n'étoit-il pas du fang de ce même *Germanicus* *, ce Prince
accompli, qui fit les délices de Rome ? *Marc-Aurele*, ce fage Empereur, ne donna-t-il pas le jour à *Commode* ? Le préjugé en queftion
établit pourtant, que les parents d'un criminel ont les mêmes inclina-
tions que lui. Eft-il rien de plus abfurde, eft-il rien de plus injufte
fur-tout, que de les punir des crimes dont ils font innocents ? Il
n'étoit pas auffi févere, ce Légiflateur d'Athenes, dont pourtant les
Loix étoient fi rigoureufes, qu'on les difoit écrites avec du fang.
Non, *Dracon*, qui vouloit févir contre le crime avec toute la
rigueur poffible; *Dracon*, dont les Loix furent abolies par *Solon*,
parce qu'elles étoient trop cruelles, ne pourfuivoit pas le crime dans
les parents du coupable : & nous, au lieu de nous attendrir fur le
fort de ceux qui font liés, par le fang, à des criminels, nous prenons
la honte que méritent ces derniers, pour en jeter une partie fur
le front des premiers ; nous voulons être plus féveres que la Loi.
Le fcélérat qui va expirer, dans le temps qu'il nous fait horreur,
nous infpire pourtant la pitié, parce qu'il eft homme. L'image de
notre femblable nous émeut, & nous n'éprouvons pas ce fentiment
à l'égard de ceux que fon crime afflige davantage. Sont-ils donc
plus déteftables, parce qu'ils font plus à plaindre ? Ils fe croiroient
heureux, s'ils étoient condamnés à la même mort qui fait leur infamie
puifqu'ils ne verroient plus le jour qui montre leur turpitude.

Céfar, confulté fur le fupplice que méritoient *Catilina* & fes
complices, éloigna la peine de mort; mais il les foumettoit à
tous les autres tourments, à la captivité & à fes douleurs : il
vouloit qu'on ne pût jamais demander leur grace au Sénat & au
Peuple ; il vouloit qu'on leur ravît même l'efpérance, confolation
des malheureux ; mais il leur laiffoit la vie. Sa penfée étoit,

** Par Agi-
pine, fille
de Germa-
nicus.*

dit *Ciceron*, que fi on leur ôtoit la vie , on les délivreroit, par un mal d'un moment, de tous les autres maux. Voilà le fup-plice auquel *Céfar* condamnoit quelques hommes fouillés de plufieurs crimes : c'eft le même auquel nous livrons des mortels vertueux , & fouvent utiles. Rétabliffons-les dans l'état qu'ils doivent avoir. Nous leur avons ôté l'honneur , la juftice nous oblige à le leur reftituer. Le premier de nos devoirs eft de ne faire tort à perfonne dans fes biens & fa réputation. Tout Citoyen a des droits facrés qu'on ne peut lui arracher : fi on lui enleve fes biens , la refti-tution eft néceffaire : il peut auffi réclamer fon honneur, fi on l'en dépouille. Voilà des loix fur lefquelles la fociété eft fondée : ah ! brifons les chaînes d'un préjugé qui la renverfe. Il fuffit que ce foit un préjugé , c'eft-à-dire , un faux jugement que prononce la raifon égarée, cela feul en follicite la profcription. Humanité , compaffion , vertus des ames fenfibles , pufferiez-vous, d'accord avec la raifon , des cris qui ne feroient pas entendus ? Vertus , qui feules ennobliffez l'homme , & le confolez des caprices de la for-tune , feriez-vous bannies de fon cœur ? Société , doux lien, qui, en nous uniffant , fais notre fureté & notre bonheur , ton intérêt feroit-il rejeté ? faudroit-il voir fortir du fein de l'ordre la confufion & le chaos ? Quoi , ces motifs ne nous ébranlent pas ! Quoi , nous voulons retracer l'image de Dieu , & la cruauté des bêtes féroces ! Écoutons du moins la juftice, notre intérêt doit la réveiller dans nos ames ; elle feule nous juge fans paffion ; elle rapproche tous les mortels , en faifant tomber les titres & les rangs ; fes yeux, comme les rayons du foleil , rendent aux objets leur couleur naturelle : foutenu par elle , l'homme foible & outragé marche enfin fur la tête de l'oppreffeur qui l'avoit foulé à fes pieds ; elle murmure , elle éclate contre le préjugé qui nous féduit. Avouons que les moyens les plus forts confpirent à prouver qu'il eft contraire à la juftice :

J'espere qu'il ne me sera pas difficile de démontrer qu'il est contraire aussi au bien de l'État.

SECONDE PARTIE.

QUELQUE étendu que soit un Empire, quelque nombreuses que soient les armées qui le soutiennent, il n'a qu'une force trompeuse, s'il n'est appuyé sur la justice : elle seule peut en entretenir la vigueur ; elle est pour lui ce qu'est le sang pour l'économie animale. Ainsi dès que j'ai prouvé que le préjugé, qui fait l'objet de ce Discours, combat directement la justice, j'ai démontré qu'il est contraire au bien de l'État. Mais quoique je puisse me reposer sur cette raison pour inviter à le détruire, je vois une foule d'autres preuves qui viennent me prêter leur secours ; elles me font dire avec assurance, que le préjugé qui note d'infamie les parents des suppliciés, heurte de front les intérêts de l'État.

Le bien de l'État demande que les Citoyens soient libres à l'ombre des loix : or, en flétrissant des innocents, nous les dépouillons de leur liberté, nous leur ravissons la tranquillité que le crime seul doit enlever. La société suppose égalité de droit dans les membres qui la composent, & nous privons des Citoyens vertueux des titres qu'ils ont d'être estimés : nous troublons l'harmonie du corps politique, qui ne peut exister, si tous les sujets ne sont également sous la protection des loix ; nous rompons les nœuds qui doivent attacher tous les Citoyens ; en un mot, nous introduisons le désordre, si l'opinion distribue à son gré la flétrissure : je dis plus ; comme la société est intéressée à ce que les coupables qui lui font tort, soient punis, son intérêt exige aussi que des hommes innocents jouissent du repos que la justice leur assure.

Le bien de l'État demande que les vertus soient récompensées, les talents animés : or nous les anéantiffons dans ceux que notre injuftice profcrit. Comment feroient-ils des chofes grandes, utiles, quand nous les vouons à l'opprobre qui éteint leur génie ? Comment ferviroient-ils une Patrie qui les dédaigne ? L'opinion que les autres ont de nous, regle celle que nous avons d'eux. Il faut s'eftimer foimême & les autres, pour afpirer à la gloire : l'efclave n'ofe penfer à elle ; l'homme flétri n'ofe l'envifager : d'ailleurs, c'eft la fociété qui en difpenfe les faveurs. Les hommes qui feroient de belles chofes fans regarder la gloire, n'exiftent point. Mais cherche-t-on à mériter de ceux qui nous ont arraché leur eftime, dans le temps qu'ils profitoient de nos fervices ? Le préjugé contre lequel je m'éleve, eft donc contraire au bien de l'État, puifqu'il donne la mort aux talents & aux vertus, qui en font les fondements. Quel délire vous emporte, ô mes compatriotes ? Avez-vous jamais bien penfé aux dommages que vous caufez à la Patrie, par l'injure que vous faites à des Citoyens vertueux ? La haine dont vous pourfuivez le crime, vous porte à les outrager. Mais faut-il que vous reffem-bliez à des enfants, qui, dans leur petite colere, frappent les objets qui n'ont pas contribué à l'exciter. Si le particulier ne vous touche point, que vous a fait l'État ? Pourquoi l'affliger ? pourquoi careffer une erreur qui lui déchire les flancs ?

Le bien de l'État demande que la population ne foit point diminuée ; elle eft la mefure de fes forces & de fes reffources ; elle feule établit la fupériorité d'un Empire fur un autre. N'agit-on pas contre ce principe, quand on infame les parents des fuppliciés ? On les met dans le cas de ne pouvoir prétendre au mariage, par la note qui les noircit, (4) puifque le préjugé veut encore qu'on ne s'allie point à eux. Comme il place la honte dans le fupplice, plutôt que dans les actions infamantes par elles-mêmes, l'auteur d'un crime impuni, ou fes parents, peuvent fe vouer à l'hymen, qui rejette les parents des suppliciés. Quand même l'amour, qui ne consulte ni les conditions ni les préjugés, offriroit à ceux-ci des compagnes, oseroient-ils former cette union, dont les fruits seroient méprisés? Voudroient-ils revivre dans des enfants auxquels ils ne pourroient laisser que l'infamie à perpétuer? Ainsi on les immole, eux & leur postérité: on fait plus, on les force à quitter la Patrie, où ils ne voient que les auteurs & les témoins d'une turpitude qui n'est qu'un fantôme que nous avons créé. Ainsi l'étranger profite de nos pertes, & s'enrichit de nos dépouilles. Que faisons-nous, aveugles que nous sommes? Nous nous flattons d'être bons Citoyens, & nous suivons des maximes qui nous empêchent de l'être. Eh quoi! les raisons les plus fortes ne détruiront pas un préjugé qui nous égare! Il parle, il faut qu'un Citoyen brise les nœuds qui l'attachent à sa Patrie. Tu pleures, mortel généreux, cette séparation te déchire le cœur: tu quittes une mere à qui l'amour le plus tendre avoit consacré tes jours & tes services; mais elle-même t'a rejeté de son sein comme un vil coupable: arrose de tes larmes ce pays où tu commenças à respirer pour l'aimer, & à te fortifier pour le servir. Je le vois, tu voudrois rester parmi nous; mais permets que je t'adresse les paroles dont se servoit l'Orateur Romain, à l'égard d'un monstre couvert de crimes* : *Quid enim est quod te jam in hac urbe delectare possit?* Si tu aimes l'infamie, tu la trouveras sans cesse attachée à tes pas; si tu veux vivre d'opprobre, nous t'en rassasierons: tu verras le dédain écrit dans nos yeux, qui le darderont sur toi; tu l'entendras peut-être s'échapper de notre bouche, qui se souillera pour t'humilier.

Combien ce préjugé fait de tort à l'État, puisqu'il exile des sujets qui pourroient lui être utiles! Non-seulement il les fait sortir de la Patrie, il les irrite contr'elle. Mais dans la politique il y a plus à craindre d'un ennemi, qu'à espérer de cent amis. Un ennemi

* *Catilina.*

fait mieux trouver les moyens de nuire, qu'un ami ceux d'obliger
L'amitié dort quelquefois, la haine veille toujours. Or ceux que
repousse la Patrie, malgré les services qu'elle en a reçus, en sortent
ordinairement la fureur dans l'ame. L'orgueil, qui entre pour
beaucoup dans les affections des hommes, les déchaîne contre les
objets qui s'en font rendus indignes. Je fais qu'il eft des mortels
affez grands pour être au deffus des injures : ce font les Scipions de
la fociété ; mais s'ils ne font pas capables de porter les armes contre
la Patrie qui les a outragés, la fierté ordinaire dans un cœur
généreux, ne leur permet pas de refter dans fon fein : ainfi elle fe
prive fouvent du feul foutien qui peut en empêcher la ruine. Les
Gaulois font aux portes de Rome ; ce Capitole, qui lui promettoit
l'empire de la terre, eft prêt de tomber en poudre. Tremble,
orgueilleufe République : la foudre que tu lançois, va retomber fur
toi-même : en vain tu comptes autant de foldats que d'hommes,
autant de héros que de foldats, tu tends les mains aux fers qu'on
te deftine : un feul bras peut te fauver ; c'eft celui de *Camille*, qui,
mécontent de ton ingratitude, languit chez les Ardeates. Le
malheur éclaire le Peuple & le Sénat, on répare les torts faits à
Camille ; il revient, la gloire le précede, la confiance faifit les
Romains, la terreur les Gaulois ; la mort retourne vers ceux qui
la répandoient ; les murs du Capitole s'arrêtent fur le penchant de
leur ruine, la victoire y vole, les releve, s'y affied, & l'afpect de
Camille fait fuir ces armées nombreufes, que la valeur alloit cou-
ronner. Si *Camille* eût été inflexible, Rome périffoit, pour s'être
privée du feul foutien qu'elle pouvoit attendre. Que favons-nous, fi
nous ne ferons pas dans le cas d'avoir befoin d'un homme qu'une
opinion injufte oblige de s'expatrier ? Le préjugé qui le bannit, eft
donc contraire au bien de l'État ; il doit également envifager les
reffources qu'il a, & celles qu'il peut avoir. Mais voici une raifon

qui prouve encore mieux combien il eſt oppoſé au bien de l'État : il
met les hommes riches & puiſſants dans la néceſſité d'employer leur
crédit & leurs richeſſes, pour ſouſtraire au fer de la Juſtice des
parents dont ils penſent que le ſupplice ſouilleroit leur famille (5) :
alors la faveur fait taire la Juſtice, & la déſarme ; alors le crime eſt
encouragé par l'impunité ; il acquiert une ſorte de reſpect par la
naiſſance de la perſonne qui le commet ; il participe aux exemptions
des Nobles ; le glaive ne le frappe que lorſqu'il s'éleve du ſein de la
boue. Mais n'eſt-il pas également une violation des droits humains,
par quelque homme qu'il ſoit commis ? Les conditions des Citoyens
peuvent-elles changer ſa nature ? N'eſt-il pas, au contraire, plus
affreux, plus contagieux lorſqu'il ſort d'une ſource révérée ? Hélas !
pourquoi faut-il qu'il nous inſpire moins d'horreur, lorſqu'il a pour
objet quelque grand changement ? L'Hiſtoire nous peint ce Prévôt
des Marchands de Paris, ce factieux *Marcel*, qui, pendant la captivité de Jean I. combattit par des troubles & des attentats, l'autorité ſouveraine. Ami du peuple qu'il armoit contre ſon Maître, il
empêcha le cours d'une monnoie fabriquée pour les beſoins de l'État ;
reſpirant la haine cachée ſous les apparences du bien public, il
entra, à la tête de trois mille hommes, dans le Palais du Dauphin,
& maſſacra trois des principaux Seigneurs. Je demande ſi les enfants
de ce *Marcel* auroient ſubi, dans la ſuite, l'infamie qui fut attachée
à ſa mort ? Je demande encore pourquoi *Maillard*, ce généreux
Citoyen qui donna la mort à *Marcel*, au moment qu'il alloit ouvrir
les portes de Paris au Roi de Navarre, ſon allié ; je demande,
dis-je, pourquoi ce *Maillard* eſt moins célebre que le traître qu'il
empêcha d'exécuter ſes horribles complots ? Je vais hazarder quelques réflexions. Ne ſont-ce pas nos Pieces de Théatre qui nous ont
accoutumé à regarder avec moins d'admiration la vertu ſimple, que
le crime adroit ? Elles donnent aux forfaits un caractere ſublime, qui

nous

nous en impofe ; elles nous préfentent toujours avec moins d'avantages un perfonnage vertueux & franc , qu'un perfonnage ambitieux
& fourbe : la combinaifon des moyens que celui-ci emploie , en
étonnant notre efprit , ne laiffe , pour ainfi dire , point de place à
l'indignation. (6) Ne font-ce pas encore nos Pieces de Théatre qui
nous ont affermis dans le préjugé qui note d'infamie les parents des
fuppliciés ? Elles nous expofent quelquefois des Princeffes amou-
reufes du fils d'un fcélérat ; ou ces Princeffes combattent leur
penchant , ou elles font détournées de leur amour par les motifs
qu'on leur offre de ne point s'allier à un fang infame. Si la paffion
l'emporte , les raifons qui la balançoient n'ont pas moins germé
dans l'efprit des fpectateurs. Ces combats produifent des fituations
vraiment théatrales ; elles ont fait le fuccès du *Cid* , qui les a mifes
à la mode. Enfin , l'efprit féduit par l'illufion , fait un principe
facré d'une émotion du cœur.

Je ne vois qu'un cas où le préjugé dont je parle exige une
exception , c'eft pour le crime qui attaque la perfonne facrée de
nos Rois : l'indépendance de leur Couronne , leur fûreté , notre
tranquillité , le bien de l'État , demandent que le noir attentat
d'un régicide répande l'infamie fur fa famille entiere : oui ,
que ce tronc foit fouillé jufques dans fes derniers rejetons ; que le
facrilege qui a ofé concevoir le plus horrible des complots , com-
munique fon horreur & fes remords à ceux qui lui appartiennent ;
que fon nom devienne pour eux celui de l'opprobre , qu'il ne foit
prononcé qu'avec les accents de l'exécration ; que fon fang répandu
rejailliffe jufques fur fes enfants ; que les traces y reftent em-
preintes comme un figne de la honte qui doit les accompagner ;
enfin que leurs regards infpirent l'horreur qu'infpirent les monftres.
(7) Voilà le feul cas où le crime doit ceffer d'être perfonnel ; mais
dans toute autre circonftance , c'eft un préjugé funefte que d'en

faire un héritage aux parents de celui qui l'a commis. Faut-il que je sois obligé de le combattre ? Faut-il que je sois obligé de réclamer les droits de la raison contre l'opinion la plus injuste & la plus groffiere ? Hélas ! que de préjugés nous environnent ! L'efprit philofophique n'a pas fait tous les progrès qu'on s'imagine, puifque tant d'erreurs luttent encore contre fa lumiere : quelques-unes, à la vérité, fe font diffipées, mais avec peine. (8) Il n'y a pas long-temps que nous croyions à l'Aftrologie judiciaire, & à la Magie : les Tireurs d'horofcopes & les Devins étoient honorés & confultés dans la Cour de nos Rois ; c'étoit d'après les oracles de ces Dieux prétendus, qu'ils décidoient la paix ou la guerre. Nous avons cru pendant long-temps, que les Eglifes devoient être des afyles pour le meurtrier : le fcélérat teint du fang de fon frere, ne fouilloit point le Temple faint ; mais les mains qui l'en arrachoient étoient impures. Nous ne voulions point que le crime infectât la demeure de l'Être le plus pur, & nous voulions qu'il infectât une famille innocente. Enfin cette erreur s'eft évanouie avec quelques autres : celle qui caufe les maux dont je n'ai tracé qu'une foible peinture, exiftera-t-elle toujours ? N'en fera-t-il pas d'elle comme de l'opinion qui avoit mis le duel en crédit ? Elle s'abolit infenfiblement, cette coutume née du fein de l'ignorance, & qui, pour un mot, impofoit filence à la nature & à l'amitié. On a compris que l'infulte retomboit fur celui qui la faifoit ; qu'un Citoyen ne doit verfer fon fang que pour la Patrie ; qu'on n'eft lâche qu'en refufant de combattre pour elle, & qu'un brave homme qui expofe fa vie pour l'État, peut fans honte refufer le défi d'un téméraire, qui fait fouvent montre d'une valeur qu'il n'a pas, ou qu'il a loin du champ de bataille. Le préjugé qui note d'infamie les parents des fuppliciés, fubira fans doute le même fort : il s'écoulera comme les autres erreurs dont nous rougiffons à préfent. On comprendra qu'il eft le fléau de la Juſtice, & que les raiſons les plus de l'État & triomphantes demandent hautement ſa deſtruction. Quel avantage pour la Patrie, s'il étoit aboli ! On verroit les talens & les vertus des hommes qu'il perſécute, prendre l'eſſor ; on verroit ces hommes couvrir, par les plus belles actions, une tache même injuſte ; on les verroit ſortir du ſommeil de la mort, pour nous reprocher, par des ſervices, la vie que nous leur avions ôtée ; on verroit, comme en Angleterre, l'homme de mérite ne point ſouffrir d'avoir un parent ſupplicié, & s'aſſeoir à la place que la Juſtice lui auroit marquée. Pourquoi ne pas imiter nos voiſins ? aimons-nous moins notre Patrie ? ou ſommes-nous moins éclairés ? On comprendra auſſi en France qu'il eſt injuſte & ridicule de punir un homme des crimes dont il n'eſt pas l'auteur ; on comprendra que cette coutume eſt condamnée par nos cœurs, dans leſquels eſt gravé ce principe de droit, *alterum non lædere*. Dans une Nation comme la nôtre, il ne faudroit qu'un grand exemple pour anéantir le préjugé qui m'occupe : ſi un homme d'un nom diſtingué avoit aſſez de Philoſophie pour le heurter, il tomberoit bientôt en ruine. Eh ! pourquoi déſeſpérer d'atteindre à ce bonheur ? N'a-t-on pas vu, ſous le regne de Louis XIV. deux grands Seigneurs (*) s'oppoſer ouvertement à la fureur du duel ? L'un refuſa de ſe battre, & l'autre proteſta hautement qu'il ne ſe battroit jamais. Cela ne ſervit pas peu à décréditer le duel. Sans doute un pareil exemple renverſera l'uſage plus barbare qui nous commande ; ſans doute les gémiſſemens des familles infortunées ſeront entendus. Comment voir, ſans verſer des larmes, le triſte ſpectacle d'une mere déſolée, qui, reléguée dans une retraite obſcure avec quelques-uns de ſes enfans, ſouffre avec eux du tort que leur a fait un fils indigne d'elle. Le front abattu, les yeux baignés de pleurs, tout ce qui l'environne ſemble lui reprocher ſa honte : déchirée par la douleur qui hâte ſa mort,

* *Le Duc de Navoilles & le Maréchal de la Force*

elle ne peut jouir de la satisfaction que lui donnent ses autres enfants vertueux ; & ceux-ci, accablés du poids qui écrase leur mere, ne peuvent lui faire goûter la joie qui les fuit : s'abreuvant d'amertume, & maudissant le sein qui a pu donner l'être à un fils criminel, elle voit que la mort ne mettra point un terme à ses malheurs, puisque ceux de ses enfants ne finiront point avec elle. Enfin, au milieu de ses plaintes & de ses sanglots, elle entend une voix qui lui dit que le plus grand des Rois pourra l'arracher à l'opprobre qui l'investit : traînée par l'espérance, elle tombe aux pieds du Trône : O vous, dit-elle, qui êtes le plus puissant des Monarques, vous en ferez aussi le plus juste ; pourrez-vous laisser subsister plus long-temps l'infamie dont me couvre, moi & ma famille, le crime d'un de mes fils ? retirée dans une solitude avec trois autres enfants, deux fils & une fille, à peine ai-je la consolation de gémir en liberté : mes deux fils, plût à Dieu qu'il m'en eût coûté la vie, pourvu que le troisieme leur eût ressemblé ! mes deux fils, pleins de vertus & de talents, ont commencé leur carriere par des services rendus à la Patrie. L'un, distingué dans un Régiment, honoré par ses mœurs, avoit donné des preuves de son courage & de son intelligence : l'autre, assis sur les fleurs de lis, avoit mérité dans le Temple de la Justice, la réputation d'un Magistrat habile & integre ; que ne sont-ils morts tous les deux pour vous ! je ne gémirois pas de leur humiliation : le sort de leur frere les a flétris injustement, ils ont été obligés, par la prévention, de s'arracher à leur place, & aux services qu'ils auroient continué de vous rendre. Que deviendront-ils ? O mere malheureuse ! faut-il que ce titre cher & sacré soit l'arrêt de mon opprobre ? Que n'ai-je pas fait pour remplir mes devoirs envers un fils ingrat & cruel ! Combien de fois ai-je fait parler mes entrailles pour l'enlever à ses mauvais penchants ! Emporté par la fureur du jeu, livré aux plus viles créatures, ses passions l'ont conduit aux baſſeſſes, des baſſeſſes il a paſſé aux fripponneries, des fripponneries aux crimes. Ce n'eſt point à une mere à nommer le ſupplice qui a terminé ſes jours ; mais ſa mort nous a plongés dans l'infamie. L'époux le plus chéri, & le plus fait pour l'être, a ſuccombé ſous ce cruel malheur : je l'aurois ſuivi dans le tombeau, ſi mon amour pour mes enfants n'avoit conſervé le ſouffle d'une vie qui va s'éteindre. Ma fille, digne objet de mes complaiſances, n'a encore ouvert les yeux que pour verſer des pleurs : en vain toutes les vertus embelliſſent ſes charmes qu'elle déteſte ; quel mortel voudroit unir ſon ſort au ſien ? Elle appuiera ma vieilleſſe, elle me fermera les yeux, je mourrai dans ſes embraſſements, ſans pouvoir l'aſſurer qu'elle verra finir la honte attachée à ſes jours. Ou raviſſez-nous une vie qui nous peſe, ou rendez-lui l'honneur qui peut nous la rendre ſupportable : notre infortune touchera ſans doute votre cœur paternel ; vous effacerez, par une loi néceſſaire, un préjugé qui nous avilit, un préjugé qui combat la juſtice qui eſt votre regle, & les intérêts de l'État que vous chériſſez. Je vous entends gémir, vous pleurez ; c'eſt la réponſe d'un cœur ſenſible. Le plus tendre des Peres ne peut être que le meilleur des Rois.

N O T E S.

(1) Les préjugés ſont les ennemis des ſciences & des mœurs. Une mauvaiſe action eſt la ſuite d'une fauſſe idée. Le préjugé qui avoit mis Ariſtote ſur le Trône, en ne permettant pas de penſer autrement que lui, retarda les progrès des arts & des vertus ſociales ; il fut même cauſe que pluſieurs Docteurs, tels que Roſelin, Abailard & Gilbert de la Porée, donnerent dans l'erreur, par l'application qu'ils firent des principes de la Logique de ce Philoſophe, aux myſteres de la Religion. On ſait les diſputes atroces qu'enfanta le reſpect qu'on avoit pour cette vieille idole. On eſt étonné aujourd'hui quand on penſe aux querelles, aux combats des Réaliſtes & des Nominaux. Occam, chef de ces derniers, fut ſurnommé le Docteur invincible, ſans doute parce que couvert de

Note pour la page 2.

ténebres, on ne pouvoit l'attaquer. Son emportement le fit écrire contre Jean XXII. & ses successeurs : dans ces temps il en coûtoit peu pour être savant ; il suffisoit d'être hérissé de quelques mots qu'on ne comprenoit pas. La prévention pour l'Aristotélisme avoit mis à la mode une science barbare, inintelligible, qui fut celle de Scot, si renommé alors, & si méprisé aujourd'hui : ses Ouvrages ne se trouvent que dans les Bibliotheques des Franciscains, & ne peuvent être lus que par eux. Quels maux ne causa pas ce préjugé ! Il fit naître une Scholastique qui embrouilla la raison & l'autorité ; des disputes de mots sur les objets les plus minutieux, occupoient le monde savant. Les assemblées les plus illustres, les décisions les plus respectables ne furent pas capables d'appaiser la dispute des Cordeliers sur l'usage & la propriété de leurs mets : plusieurs aimerent mieux périr dans les flammes, d'autres passer chez l'Empereur Louis de Baviere, plutôt que de renoncer à leur sentiment. Ils s'échaufferent au point qu'ils soutinrent, que la regle de saint François étoit la même chose que l'Evangile, & qu'on n'y pouvoit rien du tout changer. Est-il rien de plus ridicule que les disputes de ces mêmes Cordeliers sur la forme & l'étoffe de leurs
Mézerai. habits, s'ils seroient blancs, noirs, gris ou verds ; (*) si le capuchon en seroit pointu ou rond, ample ou étroit ; s'ils porteroient leur robe longue ou courte, large ou étroite ? Croiroit-on que ces disputes frivoles occasionnerent des Congrégations, & furent la cause de plusieurs Livres ? Voilà les suites les moins funestes de l'erreur qui avoit divinisé Aristote. Pierre Lombard en ébranla les autels, en s'écartant de sa méthode ; Durand, Evêque de Mende, frondeur des abus de son temps, & sur-tout des dispenses & de la pluralité des bénéfices, s'éleva contre les subtilités ténébreuses de la dialectique, qu'on préféroit à la vraie science ; mais la prévention dura malgré ces deux hommes, qui furent les premiers à l'attaquer : ils frayerent le chemin à Ramus, Bacon & Descartes, qui rendirent un grand service à la Nation, en guérissant les esprits d'un préjugé qui les rendoit barbares. Il est temps que celui qui note d'infamie les parents des suppliciés, essuie la même révolution : n'est-il pas le fruit d'une mauvaise logique ?

Note pour la page 2. (2) L'usage qui flétrit un homme pour des crimes qu'il n'a point commis, est aussi ridicule & aussi grossier que celui des épreuves. L'ignorance & des idées fausses ont introduit ces deux usages, dont l'un regne encore, malgré nos lumieres. Les épreuves ont été abolies, comme féroces, superstitieuses, téméraires, & inutiles pour découvrir la vérité. Un homme accusé se purgeoit, ou par l'eau chaude, ou par le fer chaud : mais ne pouvoit-il pas, par sa force naturelle , ou par des moyens phyſiques , régler à ſon gré l'action des agents qu'on employoit contre lui ? La ruſe , la patience , la force , pouvoient triompher de l'innocence dépourvue de vigueur & d'adreſſe. Ces moyens de ſe juſtifier favoriſoient le crime , & ſembloient forcer Dieu à faire un miracle. Lothaire, troiſieme Roi de Lorraine , ayant accuſé la Reine d'inceſte , elle offrit d'eſſuyer l'épreuve de l'eau chaude. Celui qui la fit pour elle , s'en tira fort bien. Ce qu'il y a de plaiſant , c'eſt qu'on pouvoit ſe ſervir d'un autre. On ne manquoit pas , ſans doute , de choiſir un ſujet capable. Le Roi cependant ſoupçonna de la ruſe dans l'épreuve , la déclara ſuſpecte , & renouvella ſon accuſation. La vengeance le rendit clairvoyant. Hincmar , malgré ſa ſcience , fut partiſan des épreuves. Il eſt étonnant que l'Egliſe les ait tolérées. J'en vois la raiſon dans des motifs de religion mal réglés : dans le doute du coupable & de l'innocent , on croyoit honorer la Providence , en l'interrogeant pour qu'elle découvrît la vérité. Je ne ſuis pas ſurpris que ces épreuves aient été en vigueur dans les ſeptieme , huitieme & neuvieme ſiecles : quelques foibles rayons ne pouvoient pas entr'ouvrir le nuage étendu par-tout. Mais le duel , qui eſt encore une épreuve , a dominé long-temps après. Antoine de Chabannes , Comte de Dammartin , eſt accuſé devant le Roi , par le Dauphin Louis XI. de lui avoir ſuggéré un mauvais deſſein. Le Comte nie le fait en préſence du Roi , & offre de s'en juſtifier par le combat contre les Gentilshommes du Dauphin qui voudroient l'entreprendre. Sous François II. les Huguenots font une entrepriſe ſur Amboiſe ; leur but étoit de s'emparer du Duc de Guiſe & du Cardinal de Lorraine , pour les faire juger par les États. Le Prince de Condé eſt accuſé d'avoir trempé dans cette entrepriſe ; il demande à s'en purger , offre le combat de ſa perſonne , renonçant à ſa qualité , pour cette occaſion ſeulement. L'expoſition de ces uſages ſuffit pour en montrer le ridicule. Auſſi un coup d'œil de la raiſon plus éclairée les eut bientôt diſſipés. Cette raiſon répand à préſent la lumiere la plus vive , & le préjugé contre lequel j'écris , ſemble dire que nous ſommes encore dans les ténebres de l'ignorance.

(3) Comment ſuppoſer qu'un homme ſera détourné du crime , par l'infamie qu'il peut imprimer à ſa famille ? Quand on ne craint pas la honte pour ſoi , on ne la craint guere pour les autres. Le crime étouffe l'humanité , & ſouvent les remords dans celui qui le commet. Combien de ſcélérats ſont morts avec gaieté , & ont monté ſur l'échafaud en triomphe ! Cela n'eſt pas étonnant dans les hommes, ſi les femmes même ſont capables de cette férocité. On n'a qu'à

Note pour
la page 4.

voir dans les Lettres de Madame de Sevigné , la relation de la mort de la Marquise de Brinvilliers , & de la Voisin , célebres empoisonneuses : la premiere entra dans le lieu où l'on devoit lui donner la question , & voyant trois feaux d'eau , elle dit : C'est assurément pour me noyer ; car de la taille dont je suis , on ne prétend pas que je boive tout cela. Elle écouta son Arrêt sans frayeur , & sans foiblesse , & sur la fin elle fit recommencer ; elle monta seule , nuds pieds , sur l'échafaud ; elle plaisanta sur ses Confesseurs. . . . .

La Voisin , avant sa mort , fit grande chere avec ses Gardes ; elle but beaucoup de vin , & chanta vingt chansons à boire : après avoir reçu plusieurs fois la question , elle n'en mangeoit pas moins , & dormoit huit heures ; elle continua ses débauches jusqu'à sa mort, (*) se moquant de la Religion : elle ne voulut point faire d'amende honorable , repoussa avec violence le Confesseur & le Crucifix , & mourut en scélérate déterminée.

* Madame de Sevigné.

Note pour la page 13. (4) C'est agir contre la population , que de répandre l'infamie d'un criminel sur tous ses parents. On les oblige de quitter leur patrie , ou de lui être inutiles par la note qui les empêche de prétendre au mariage. L'auteur d'un crime impuni , ou ses parents , trouvent des personnes auxquelles ils peuvent s'allier. Le fils ou le frere vertueux d'un coupable supplicié sont nécessairement voués au Célibat. J'ai indiqué bien d'autres raisons , qui , en prouvant que ce préjugé est contraire au bien de l'État , demandent sa destruction. Pourquoi sommes-nous moins sages ou moins justes que les Anglois ? Plût à Dieu que le Monarque chéri qui nous gouverne , pût adopter ces beaux vers de l'Artaxerxes de Mr le Mierre ! Artaxerxes prêt à juger Arbace cru coupable , dit :

> *Si les Rois sont sujets à l'erreur ,*
> *Leur équité du moins doit avoir en horreur*
> *Ce préjugé honteux que ma justice efface ,*
> *De flétrir un mortel des crimes de sa race.*

En abolissant cet usage , on serviroit la population. A Dieu ne plaise que je prétende peupler l'État par des moyens vils , tels que ceux qu'employa Louis XI. Les chaleurs excessives de l'été ayant fait périr à Paris plus de quarante mille personnes , & en ayant fait sortir un plus grand nombre , il y appella , par un Edit , toutes sortes de gens , même les bannis (*) & les criminels , qui non seulement furent absous , mais encore comblés de franchises & de privileges.

* Mezerai.

Note pour la page 16. (5) Le préjugé qui note d'infamie les parents des suppliciés , favorise les

crimes ;

crimes ; il excite les hommes riches & puissants à détourner le fer de la Justice, qui doit frapper leurs parents criminels ; il autorise la maxime funeste de craindre plus le gibet que l'action qui y mene.

Le crime fait la honte, & non pas l'échafaud.

Ce beau vers de Thomas de Corneille est applaudi au Théatre, parce qu'il exprime une vérité. Mais le préjugé que j'attaque, ne met la honte que dans le supplice. Ainsi les hommes puissants seront moins soigneux à faire éviter à leurs enfants les mauvaises actions, que la peine qui les attend. Combien d'hommes, à la faveur du crédit ou des richesses, ont échappé aux rigueurs dûes à leurs forfaits ! Je n'en citerai qu'un exemple. On sait que la Vigoureux & la Voisin, qui, sous prétexte d'Astrologie, faisoient & vendoient du poison, accuserent plusieurs personnes distinguées d'être leurs complices ; mais Penautier, Receveur général du Clergé, impliqué dans la procédure de la Voisin, n'étoit pas innocent ; il étoit ami de la Brinvilliers, & il fut accusé d'avoir employé les secrets de cette empoisonneuse : il se disculpa avec cent mille écus, & la protection du Cardinal de Bonzi, Archevêque de Narbonne. Il y en a qui assurent qu'il lui en coûta la moitié de ses biens. Il paroît que le public regardoit Penautier comme coupable ; un trait rapporté dans les Lettres de Madame de Sevigné le fait croire. Le Cardinal de Bonzi avoit coutume de dire, qu'il feroit mourir tous ceux qui avoient des pensions sur ses bénéfices, & que son étoile les tueroit. Un jour que Penautier étoit avec cette Eminence dans son carrosse, l'Abbé Fouquet, en le voyant, dit à quelques-uns : Voilà le Cardinal qui est avec son étoile.

(6) Si la richesse ou le crédit arrétent le fer de la Justice, les crimes qui ont pour objet quelque grand changement, nous inspirent aussi moins d'horreur que les autres. Il semble qu'il y a différentes conditions parmi eux, comme parmi les hommes. Il est des crimes roturiers, si je puis parler ainsi ; l'infamie & la peine paroissent n'être que pour eux. J'ai jeté une réflexion dans ce Discours, en faisant dépendre de nos Pieces de Théatre cette façon de juger. Les personnages scélérats qu'elles nous exposent, doivent, pour nous intéresser, avoir de grandes vues, des projets vastes ; leur hardiesse, leur intelligence, leur génie nous éblouissent sur les moyens : on fait même violence à l'Histoire, pour nous en imposer davantage : les tableaux historiques ne sont pas assez dramatiques ; nous ne pouvons souffrir les scélérats sans génie, & les Tyrans bêtes ne font pas fortune ; on leur donne même un peu de vertu,

Note pour la page 17.

pour les faire mieux accueillir. Puis-je être indigné contre Polifonte , quand je lui entends dire dans la belle Tragédie de Mérope:

> *Qui sert bien son pays , n'a pas besoin d'aïeux ;*
> *Je n'ai plus rien du sang qui m'a donné la vie ;*
> *Ce sang est épuisé , versé pour la Patrie.*

On voit plutôt, dans la Sémiramis de M. de Voltaire, une grande Reine , qu'une femme coupable & teinte du sang de son époux. On veut que le crime nous intéresse dans les grands personnages ; c'est sans doute ce motif qui a engagé Racine à donner au caractere de Phedre des traits qui excitent la pitié. Quoi! cette femme qui brûle d'un amour illicite , & outrage la foi conjugale , doit intéresser! Cela étoit bon pour les Grecs , qui, croyant à la fatalité , pouvoient penser que cette Princesse étoit la victime d'une passion indomtable. Racine a beau lui faire dire :

> *Je ne suis point de ces femmes hardies ,*
> *Qui, goûtant dans le crime une tranquille paix ,*
> *Ont su se faire un front qui ne rougit jamais.*

Je ne vois pas moins une femme qui brise le frein de la pudeur , poursuit Hypolite pour s'en faire aimer , conçoit un projet adultere , & emploie tous les moyens pour donner de l'amour au fils de son époux ; elle dit qu'elle n'a point recueilli le fruit de la passion qui la dévore : cet aveu n'annonce-t-il pas le desir qu'elle avoit de ne point trouver un amant rebelle ? Quand le Poëte a jeté sur Œnone tout l'odieux de Phedre , il a montré par-là le tort qu'il avoit de nous intéresser pour son personnage principal , à qui tous les autres caracteres sont sacrifiés. Je pense de même du méchant , qui, plein d'esprit , & vuide d'action , nous amuse , au lieu de nous indigner ; il n'est pas assez odieux , assez noir , pour inspirer l'horreur qu'il devroit faire éprouver. Nos Pieces de Théatre ont encore accrédité le préjugé qui note d'infamie les parents des criminels. Nous applaudissons à Pulchérie dans Héraclius , lorsqu'elle dit au Tyran , que son fils est indigne d'elle , étant sorti de lui. Nous admirons dans le même Héraclius , la réponse de Leontine à Phocas , qui la presse de lui rendre son fils ; elle lui dit :

> *Il m'en désavoûroit.*
> *Et ce fils , quel qu'il soit , que tu ne peux connoître ,*
> *A le cœur assez haut pour ne vouloir pas l'être :*
> *Séduit par ton exemple , & par sa complaisance ,*
> *Il t'auroit ressemblé , s'il eût su sa naissance ;*
> *Il seroit lâche , impie , inhumain comme toi.*

Nous aimons à voir dans Crébillon , Electre , combattant son amour pour Egiste : notre façon de penser est favorisée par ces situations , ainsi que le duel est encouragé par le Cid. C'est un mal que les Poëtes Dramatiques fondent leurs pieces sur les préjugés nationaux ; ils devroient plutôt chercher à les détruire.

(7) J'ai dit que le préjugé qui fait l'objet de ce Discours , exigeoit une exception seulement pour le régicide : c'est le plus grand crime qu'on puisse commettre dans une Monarchie, comme dans une République les attentats contre la liberté sont les plus grands forfaits. Marcus Manlius convaincu à Rome d'avoir aspiré à la Royauté , fut précipité de la roche Torpéjenne ; une note d'infamie fut attachée à lui & à sa famille : il fut ordonné , par un Arrêt du Sénat , qu'aucun de cette maison ne prendroit à l'avenir le nom de Marcus. Il est juste aussi que le traître qui ose lever une main sacrilege sur la personne de nos Rois , soit puni du plus horrible supplice , & que l'infamie en rejaillisse sur ses enfants ; mais ce cas excepté , nous devons détruire le préjugé que j'attaque. L'état des personnes innocentes qu'il livre à l'opprobre , est digne de compassion : on peut dire d'elles ce que Tite-Live disoit des Romains qui avoient passé sous le joug aux fourches caudines : *Adeò super mœrorem, pudor quidam fugere colloquia & cœtus hominum cogebat.* Mais que faudroit-il pour extirper un préjugé aussi atroce? Une loi, & qu'un grand Seigneur osât épouser la fille vertueuse d'un homme supplicié. Quand Louis XIV. eut porté ses Ordonnances contre le duel, le Duc de Navoilles ne refusa-t-il pas de se battre contre le Comte de Soissons ? Si le duel subsista encore, quoique plusieurs Seigneurs fussent décapités , c'est qu'il ne falloit pas le punir par la peine de mort. Si on avoit dégradé de noblesse le duelliste , l'honneur qui faisoit un devoir de se battre , en auroit fait un de refuser le combat. La politesse de nos mœurs , des idées plus saines , ont presque déraciné ce préjugé ; pour que l'autre fût exterminé, il faudroit un exemple tel que celui que je desire , & une loi qui, en rétablissant dans leur état des personnes injustement flétries , déclarât infames ceux qui leur feroient des reproches contraires à cette loi. Tout dit qu'on doit être fâché d'appartenir à un criminel ; mais rien n'oblige d'en rougir.

Note pour la page 17.

(8) Nous avons suivi & abandonné ensuite plusieurs préjugés ridicules : celui qui note d'infamie les parents des suppliciés , éprouvera sans doute aussi notre inconstance. Un coup d'œil rapide va montrer les erreurs auxquelles nous avons été livrés. Je ne m'arrêterai pas à la condamnation de la Pucelle d'Orléans , jugée à Rouen comme Sorciere. On prétendit que sur le bûcher elle prédit aux Anglois qu'ils seroient chassés de toute la France. Un Poëte du temps

Note pour la page 18.

ne manqua pas de dire que fon cœur fut trouvé entier parmi les cendres , & qu'une colombe s'envola du milieu des flammes de fon bûcher , pour prouver fon inno-cence & fa pureté. Long-temps après on a cru encore à la Magie & à l'Aftrologie judiciaire. On étoit perfuadé que les aftres préfidoient à tous les événements ; qu'ils avoient même le pouvoir de diriger les actions des hommes , de changer leurs mœurs , leur caractere , leur fortune. De favants Médecins étoient imbus de la doctrine de l'influence des aftres , & leur foumettoient la Médecine ; ils pré-tendoient que les aftres pouvoient produire la fanté , & guérir les maladies , fuivant leur afpect ou leur paffage. Cardan , fameux tireur d'horofcopes , étoit fort engoué de l'Aftrologie : ayant prédit fa mort , il aima mieux fe laiffer mou-rir de faim , que de paffer pour faux Devin. Je ne remonterai pas à des fiecles éloignés pour prouver les extravagances qui nous occupoient. Faut-il dire que fous Charles VII. Jacques Cœur, Argentier du Roi , & Maître des Monnoies de Bourges , fut accufé d'être Sorcier, à caufe de fes grandes richeffes ? on difoit qu'il avoit trouvé la pierre philofophale : on ne comprenoit pas que fa grande fortune venoit du commerce étendu qu'il avoit dans les pays étrangers. Mais les Devins & les Sorciers furent confultés beaucoup fous les derniers Valois. Catherine de Médicis étoit fort entêtée de la Magie ; fous Louis XIII. on y ajoutoit foi. Pour voir à quel point nous en étions alors , il fuffira de dire que nous reffemblions aux Negres de Madagafcar : entêtés de leurs Ombiaffes , qui font des Prêtres Magiciens , ils donnent des billets écrits en caracteres arabes , qui , felon eux , préfervent du tonnerre , des bleffures , de toutes fortes de dangers , & même de la mort. Ces impofteurs ont parmi les Negres la même confidération qu'avoient autrefois parmi nous les Sorciers , les Aftrologues & les Faifeurs de talifmans. L'expofition fuccinte de nos anciennes erreurs fait efpérer qu'on quittera auffi celle qui a occafionné ces réflexions·

Un autre préjugé que nous avons chéri long-temps , eft celui qui donnoit aux meurtriers un afyle dans les Eglifes. Voici un trait qui prouve à quel point nous en étions efclaves. Marcel maffacra , en préfence du Dauphin , le Maréchal de Clermont , Jean de Châlons , Sénéchal de Champagne , & le Prévôt de Paris ; ils furent expofés nuds en place publique. Les corps de ces Seigneurs n'eurent point les honneurs de la fépulture , parce qu'ils avoient été excommuniés par l'Evêque de Paris : leur crime étoit d'avoir arraché de Saint Jacques de la Boucherie le meurtrier de Jean Baillet , Tréforier de France. Enfin nous avons répudié tous ces préjugés : celui du duel , qui a fait verfer tant de fang , eft prefque détruit : celui dont je me plains ici , doit expirer fans doute ; il eft auffi barbare , & plus injufte.

LETTRE
SUR
L'ÉLOQUENCE,

à M. AUGER, Profeſſeur d'Éloquence au College de Rouen.

J'AI lu, Monſieur, votre Lettre inférée dans le Journal d'Édu-cation ; elle m'a paru renfermer des idées peu juſtes ; je vais les combattre : cette querelle ne vous paroîtra pas bien vive , parce que vous devez être perſuadé de l'eſtime que je fais de votre talent & de vos connoiſſances. Vous dites *que le grand genre de l'Éloquence*, ou *l'Éloquence proprement dite*, ne ſe trouve que dans le genre judiciaire & délibératif. Il étoit inutile de dire, le grand genre de l'Éloquence ; il n'y en a qu'une : tout ce qui n'eſt pas dans *le grand genre*, ne mérite que le nom de diſcours élégant. Avez-vous fait attention, qu'en excluant *l'Éloquence proprement dite*, du genre démonſtratif, vous ôtiez du nombre des grands Orateurs, Boſſuet, l'aigle de l'Éloquence Françoiſe ? Avez-vous fait attention que ce genre préſente des circonſtances qui donnent lieu aux plus grands mouvements ? Le Prédicateur qui loue un Saint , peut tonner contre les vices que le Saint a fuis , & ſe répandre en éloges ſur les vertus qu'il a pratiquées : ces moyens ſont des armes pour l'Éloquence ſublime. Les invectives contre les vices donnent ſur-tout de la chaleur & de la véhémence au diſcours : alors les fleurs tombent des mains de l'Orateur qui s'arme de la foudre.

Ainſi dès qu'il nous exhorte à imiter la vertu , & à fuir le vice, le genre démonſtratif ſe confond avec le genre délibératif , & a les mêmes reſſources. Il n'eſt guere de ſujet , ou de cauſe un peu grave , qui n'allie les trois genres. Avez-vous entrevu les conſéquences de votre principe ? Si l'Éloquence , c'eſt-à-dire, la *grande*, ne ſe trouve que dans le genre judiciaire & délibératif, il faudra convenir que nous n'avons point d'excellents Orateurs. D'abord notre Barreau , plus timide que celui des Anciens , ne permet pas trop les grands mouvements. Quant à nos Avocats Généraux , ils ſe contentent de rapporter les raiſons pour & contre , & n'entrent point dans la paſſion. Les affaires criminelles ne ſont point plaidées dans nos Tribunaux ; l'accuſé n'eſt défendu que par des Mémoires. Notre Barreau fort grave , n'admettroit pas les moyens en uſage dans celui de Rome : un Avocat pouvoit offrir ſa partie aux yeux des Juges. L'Orateur Antoine montra Manlius Aquilius, en déchira la robe , & fit voir les plaies dont il étoit couvert. Les objets préſents font une impreſſion bien plus vive. Manlius prêt à être condamné , montrant les bleſſures qu'il avoit reçues pour le peuple , tendant les mains au Capitole qu'il avoit défendu , & priant l'Aſſemblée de ne le point juger ſans jeter les yeux ſur la Fortereſſe & le Capitole , devoit néceſſairement intéreſſer. Auſſi les Tribuns , pour éloigner le peuple du théatre de la gloire de Manlius , tranſporterent l'Aſſemblée dans un lieu d'où le Capitole ne pouvoit être apperçu. Ces moyens victorieux que je viens de citer, nous manquent. Ainſi ce que vous dites de l'Éloquence , rélativement au genre judiciaire , ne ſeroit qu'à l'avantage des Anciens ; vous priveriez du titre d'excellent Orateur pluſieurs Avocats célebres , & ſur-tout M. Cochin , pour qui je vous demande grace. Notre Barreau ne ſouffre pas trop , ni les comparaiſons qui ornent & fortifient le diſcours , ni les peroraiſons pathétiques qui en font le triomphe ;

il n'y a guere que M. Erard qui les ait quelquefois employées. Ainſi, Monſieur, *l'Éloquence proprement dite* ne ſe trouveroit dans le genre judiciaire que chez les Anciens. Quant au genre délibératif, pris à la rigueur, il ne peut pas exiſter parmi nous. Les grandes affaires ne ſont point agitées dans un Sénat, ou devant le peuple, comme à Athenes & à Rome ; ainſi nous n'aurions point d'illuſtres Orateurs, ſi *l'Éloquence proprement dite* étoit bornée à ces deux genres. Mais vous ſeriez bien étonné ſi je prétendois que ſouvent les beaux endroits de l'Éloquence ancienne appartiennent au genre que vous traitez ſi mal. L'Oraiſon de Ciceron, *pro lege Manilia*, eſt dans le genre délibératif & démonſtratif. Je vous demande ſi les beaux morceaux de cette Harangue ne ſont pas ceux où l'Orateur fait l'éloge des exploits & des vertus de Pompée ? Je vous demande ſi les endroits triomphants de l'Oraiſon *pro Archia Poeta*, ne ſont pas ceux qui célebrent ſi dignement la gloire, la Poéſie, Homere, Roſcius & Archias ? Ce ſont les idées générales qui fourniſſent les plus grands traits à l'Éloquence ; ce qui eſt pur raiſonnement, eſt froid & ſec. C'eſt en ſaiſiſſant les vues générales, que l'Orateur échauffe, entraîne. Or le genre démonſtratif peut s'écarter plus aiſément du point indiqué, & s'emparer des idées générales ; il eſt donc ſuſceptible de la plus grande Éloquence. Le ſujet qui ſemble le moins propre aux élans, bien médité & bien manié, offre des faces qui inſpirent l'enthouſiaſme. Un homme vraiment éloquent commande à ſon ſujet. L'Orateur, dans le genre démonſtratif, peut s'élever au plus haut degré de l'Éloquence, ſur-tout dans les Oraiſons funebres. Ces ſujets lugubres, par le lieu, les circonſtances, l'aſſemblée, & le héros qui en eſt l'objet, communiquent à l'Orateur un ſombre qui doit rendre le diſcours touchant & pathétique. On ſoupire, on gémit, on eſt prêt d'éclater en ſanglots, quand on lit l'Oraiſon funebre de la Reine d'Angleterre, celle de la Ducheſſe d'Orléans ;

on éprouve ces mouvements avec une forte d'élévation , en lifant celle du Prince de Condé. Voilà les marques auxquelles on reconnoît l'empire de la grande Éloquence. Enfin, ou l'Orateur célebre un Général d'armée , ou un Miniftre , qui ont fait de belles chofes. Quelle fource de grandeur dans les idées , les fentiments & le ftyle ! S'il définit & décrit les emplois qu'ont remplis fes héros , n'a- t-il pas encore là un vafte champ pour *l'Éloquence proprement dite ?* La définition de la charge de Lieutenant de Police a fourni à Fontenelle des chofes ingénieufes dans l'éloge de M. d'Argenfon ; un homme éloquent en auroit dit de grandes. Mais une chofe qui prouve encore en faveur du genre démonftratif, c'eft qu'il peut employer les figures hardies, les images poétiques, qui feroient fouvent déplacées dans les deux genres que vous favorifez. Les ondes qui fe courbent fous la Reine d'Angleterre, & foumettent leurs vagues à la Dominatrice des mers; ces figures qui femblent pleurer autour du tombeau du Prince de Condé ; ces colonnes qui femblent vouloir porter jufques au ciel le magnifique témoignage de notre néant; ces belles chofes , dis-je, ne feroient pas trop bien dans les genres délibératif & judiciaire, parce que dans l'un , l'Orateur eft occupé de quelques intérêts qui demandent des preuves ; & dans l'autre , il doit prendre le langage de fa partie ou de la loi. Je le répete, Monfieur , le genre démonftratif peut s'élever jufqu'à *l'Éloquence proprement dite* ; il le peut par lui-même, par le fujet qu'il traite , & par les acceffoires qui l'entourent. Il eft inutile de faire des diftinctions ; ce font les Écrivains plus ou moins éloquents qui font les fujets. Il y en a qui font un fquélette de ce qui auroit pu fournir un corps plein de vie & d'embonpoint. Il y en a qui font naître des fleurs fur des rochers , & fortir un torrent du milieu d'une prairie. Il faut un ton propre à chaque genre ; mais quelquefois La Fontaine prend , dans fes Fables , l'effor de la haute Poéfie. Êtes-vous

fâché

fâché que Tite-Live peigne, avec des couleurs poétiques, le paſſage d'Annibal par les Alpes ? Êtes-vous fâché que Malebranche ait un ſtyle plein d'images, & qu'il donne un corps aux idées les plus abſtraites ? Le genre tragique, qui ſoumet néceſſairement le Poëte aux ſituations & au langage de ſes perſonnages, emprunte quelquefois le ton & le tableau de la Poéſie Épique. M. de Voltaire a dit dans une de ſes Tragédies :

Ce coloſſe effrayant, dont le monde eſt foulé,
En preſſant l'univers, eſt lui-même ébranlé ;
Il penche vers ſa chûte, & contre la tempéte
Il demande mon bras pour ſoutenir ſa téte.

En vérité, Monſieur, vous avez bien de l'humeur contre le genre démonſtratif. Les Platons, les Socrates, dites-vous, quelqu'éloquents qu'ils fuſſent, n'étoient pas appellés Orateurs, mais Philoſophes. La raiſon en eſt ſimple : ils étoient appellés Philoſophes, parce que la Philoſophie dominoit dans leurs ouvrages : on les a caractériſés par l'objet de leurs travaux. Ainſi, quoique M. de Buffon ſoit éloquent, on lui donnera plutôt le nom de Philoſophe que celui d'Orateur, parce que les ſujets qu'il traite ſont du domaine de la Philoſophie. Un beau Panégyrique, ajoutez-vous, un beau Traité de Morale, une belle Oraiſon funebre, *peuvent annoncer les talents d'un grand Orateur, mais ne conſtituent pas l'Orateur.* Je ne veux pas vous chicaner ſur cette phraſe, dont je pourrois tirer avantage. Boſſuet eſt une preuve ſans replique, qu'une belle Oraiſon funebre conſtitue l'Orateur. Fléchier, dans ſon Oraiſon funebre de Turenne, prouveroit encore contre vous ; mais cet ouvrage excepté, il rentre dans la claſſe des Écrivains qui ne ſont qu'élégants. Un beau Traité de Morale, s'il renferme des morceaux vraiment éloquents, conſtituera auſſi l'Orateur. A quel titre Jean-Jacques Rouſſeau peut-il prétendre à la place que vous lui donnez à côté de Démofthene ? L'Écrivain moderne n'eft éloquent que lorfqu'il peint les paffions , les vices , ou quelques phénomenes de la nature. Je vous ai démontré plus haut , qu'un Panégyrique pouvoit infpirer les grands mouvements de l'Éloquence ; je dis même que les Éloges Académiques peuvent y prétendre , s'ils font faits par un homme qui ait le talent de l'Orateur. L'Éloge du Cardinal de Richelieu , dans le Difcours de réception de M. de Montefquieu à l'Académie Françoife , eft tracé d'une maniere précife , grande , & conféquemment éloquente. Vous dites , Monfieur , que Ciceron a des figures plus hardies que Démofthene , parce que dans la Milonienne il apoftrophe les éminences, les bois facrés des Albains, les autels , &c. Ces apoftrophes font fréquentes dans le genre démonftratif. Le plus mince Faifeur de Panégyrique peut apoftropher la cellule du Saint qu'il célebre , & ébranler la voûte du temple , qui ne fera pas plus ému que les auditeurs. Ces chofes font devenues communes , & ne frappent que par la façon dont elles font préfentées. Depuis que Ciceron , en faifant valoir les exploits de Pompée, a pris à témoin l'Italie, la Gaule , l'Efpagne, l'Afrique, &c. combien de prétendus Orateurs ont pris ce tour ! Vous finiffez , Monfieur , en difant que vous croyez être chez vous , quand vous lifez Démofthene. Je penfe que vous l'auriez mieux loué , en avouant que fa lecture vous tranfportoit à Athenes ; c'eft l'effet que doit produire cet Orateur rapide & impétueux. J'adopte votre fentiment fur Ciceron ; je crois , comme vous , qu'il eft fouvent lâche & verbeux ; il cherchoit trop à flatter l'oreille. Tite-Live me paroît plus éloquent , plus élevé , plus rempli d'idées. L'Orateur Romain délaye trop fes penfées ; il les préfente fous différentes faces : Maffillon n'eft pas exempt de ce défaut. Il réfulte de tout ce que j'ai dit , 1°. que l'Éloquence *proprement dite* peut fe trouver dans le genre démonftratif , parce que dans ce genre on péut manier les

paſſions , & conſéquemment ſe livrer aux mouvements qui conſtituent la vraie Éloquence ; 2°. que les ſujets qui en ſont les moins
ſuſceptibles , l'admettent, quand ils ſont traités par un homme
éloquent : 3°. que dans le genre ſimple il y a des objets & des circonſtances qui échauffent , agrandiſſent l'ame de l'Orateur ou du
Poëte. Juvenal a dit dans une Satyre :

Unus Pellæo juveni non ſufficit orbis ;
Æſtuat infelix anguſto in limite mundi.

Boileau a rendu cette belle image d'une maniere commune ; mais
Boileau s'eſt élevé dans ſon Épître ſur le paſſage du Rhin. Il réſulte ,
4°. que l'Orateur qui touche & entraîne , eſt le grand Orateur , dans
quelque genre que ce ſoit. J'ajouterai encore une réflexion , c'eſt
que le moyen le plus ſûr pour connoître ſi un homme eſt vraiment
éloquent , c'eſt quand vous n'êtes pas occupé de ſon ſtyle ; la
négligence & l'incorrection des phraſes ne trahiroient même pas la
grandeur des idées. C'eſt la beauté qui frappe ſous des habits ruſ-
tiques. Vous vous ſouvenez ſans doute , Monſieur , que vous me
fites l'honneur de me prier d'aſſiſter avec quelques gens de Lettres ,
à la lecture de votre traduction de Démoſthene ; vous invitates la
Compagnie à ne pas vous épargner ſur le ſtyle. J'uſai de la liberté
dans le commencement ; mais je fus enſuite arraché à ces obſervations.
Vous me demandates pourquoi je ne diſois plus rien ? je vous
répondis que j'étois entraîné par les mouvements de l'Orateur , &
que j'étois trop occupé des choſes pour faire attention aux phraſes.
Voilà , je penſe , la marque à laquelle on peut reconnoître la
grande Éloquence. J'eſpere que vous ne ſerez pas choqué des réflexions qui me ſont échappées ſur votre Lettre ; je les ſoumets à votre
jugement : je puis donner dans l'erreur ; mais je ſuis bien ſûr au
moins de ne m'être pas trompé ſur l'idée que j'ai conçue de votre
mérite. J'ai l'honneur d'être.

A Lyon. De l'Imprimerie de PERISSE. 1769.